Astrid Lindgren, 1907 im schwedischen Småland geboren, ist die wohl bedeutenste Kinder- und Jugendbuchautorin unserer Zeit. Ihr rund siebzig Bilder-, Kinder- und Jugendbücher umfassendes Gesamtwerk (darunter als weltweit bekanntestes Buch »Pippi Langstrumpf«, 1949 in deutscher Übersetzung erschienen), ist in mehr als siebzig Sprachen übersetzt worden und mit einer Vielzahl von Preisen ausgezeichnet worden: Friedenspreis des Deutschen Buchhandels, Alternativer Nobelpreis, Internationaler Jugendbuchpreis – Hans-Christian-Andersen-Medaille –, Große Goldmedaille der Schwedischen Akademie, Schwedischer Staatspreis für Literatur u. a.

Rolf Rettich, 1929 in Erfurt geboren, einer der bekanntesten Bilderbuchgrafiker Deutschlands. Seine Bücher wurden mehrfach ausgezeichnet, u. a. von der Stiftung Buchkunst im Rahmen »Die schönsten deutschen Bücher«. 1997 erhielt Rolf Rettich, der vor mehr als dreißig Jahren bereits die »Pippi«-Gesamtausgabe illustriert hat, gemeinsam mit seiner Frau Margret Rettich den Großen Preis der Deutschen Akademie für Kinder- und Jugendliteratur.

ASTRID LINDGREN

Pippi feiert Geburtstag

Bilder von Rolf Rettich
Deutsch von Cäcilie Heinig

Verlag Friedrich Oetinger · Hamburg

© Verlag Friedrich Oetinger, Hamburg 1999
Alle Rechte vorbehalten
© Astrid Lindgren 1945 (Text)
Die Geschichte ist dem in Schweden unter dem Titel „Pippi Långstrump" erstmals 1945,
in deutscher Übersetzung erstmals 1949 erschienenen Buch „Pippi Langstrumpf" entnommen
Deutsch von Cäcilie Heinig · Einband und Illustrationen von Rolf Rettich
Satz: Utesch GmbH, Hamburg · Lithos Photolitho Gossau
Druck und Bindung: Proost N.V., Turnhout
Printed in Belgium 1999 *   ISBN 3-7891-7055-0

Am Rand der kleinen, kleinen Stadt lag ein verwilderter Garten. Ganz hinten im Garten stand ein altes Haus, das hieß Villa Kunterbunt, und dort wohnte Pippilotta Viktualia Rollgardina Pfefferminz Efraimstochter Langstrumpf, genannt Pippi.

Pippi wohnte ganz allein in dem Haus, denn sie hatte keine Mama und keinen Papa, und eigentlich war das sehr schön. So war niemand da, der ihr sagen konnte, was sie tun sollte. Pippi war ein merkwürdiges Kind, vielleicht das merkwürdigste, das es gab, wenigstens in dieser Stadt. Und nirgends, weder in der kleinen Stadt noch auf einem anderen Fleck der Erdkugel, gab es jemanden, der so stark war wie sie. Sie hatte ein eigenes Pferd, das wohnte auf der Veranda. Und wenn Pippi ihren Nachmittagskaffee dort trinken wollte, hob sie es in den Garten hinaus. Und sie hatte einen kleinen Affen, der hieß Herr Nilsson.

In dem Haus nebenan wohnten zwei Kinder. Der Junge hieß Thomas und das Mädchen Annika. Das waren liebe, wohlerzogene Kinder. Seitdem Pippi Langstrumpf in die Villa Kunterbunt eingezogen war, hatten Thomas und Annika nie mehr Langeweile.
Eines Tages fanden sie einen Brief in ihrem Briefkasten.

stand darauf. Und als sie ihn aufgemacht hatten, fanden sie eine Karte.

Thmas un Anika solen su Pippi sur gebutsfeier komen morgen nahmidag Ansug was ir wolt.

Sie verstanden sehr gut, was auf der Karte stand, wenn es auch etwas merkwürdig geschrieben war.

Am nächsten Nachmittag gingen Thomas und Annika durch die Gartentür der Villa Kunterbunt. Sie hatten natürlich ein Geschenk für Pippi gekauft.

Es war September und es dämmerte schon früh. Thomas und Annika hielten sich fest an den Händen, denn es war ganz schön dunkel in Pippis Garten und die alten Bäume rauschten so düster.
»Herbstlich«, sagte Thomas.
Umso schöner war es, die erleuchteten Fenster zu sehen und zu wissen, dass sie dort Geburtstag feiern sollten.

Thomas klopfte an die Tür. Drinnen hörte
man eine dumpfe Stimme murmeln:
»Wer kommt da in der dunklen Nacht
gegangen in mein Haus?
Ist es ein Geist oder ist es bloß
eine arme kleine Maus?«
»Nein, Pippi, wir sind das«, rief Annika.
Da machte Pippi die Tür auf.

Die Geburtstagsfeier sollte in der Küche stattfinden, denn da war es am gemütlichsten.

»Wir gratulieren«, sagten Thomas und Annika und überreichten das Paket.

Pippi bedankte sich und riss eifrig das Papier auf. Und da lag eine Spieldose darin! Pippi war ganz verrückt vor Begeisterung. Sie streichelte die Spieldose, drehte und drehte und schien alles andere vergessen zu haben. Aber plötzlich fiel ihr etwas ein.

»Liebe Kinder, ihr sollt ja eure Geburtstagsgeschenke haben«, sagte sie.

»Ja, aber – wir haben doch gar nicht Geburtstag«, sagten Thomas und Annika.

Pippi sah sie erstaunt an.

»Nein, aber ich hab Geburtstag und da kann ich euch ja wohl auch Geschenke machen! Oder?«

Und Pippi holte zwei Pakete. Als Thomas sein Paket öffnete, fand er eine kleine Flöte und in Annikas Paket lag eine schöne Brosche.

Als nun alle ihre Geburtstagsgeschenke bekommen hatten, setzten sich Thomas, Annika und Pippi an den Tisch. Das Pferd wurde gebeten, in der Ecke stehen zu bleiben, und kriegte Kuchen und Zucker. Auf dem Tisch waren eine Menge kleine Kuchen. Sie hatten eine sehr merkwürdige Form, aber Pippi behauptete, in China gäbe es solche Kuchen.

Pippi goss Schokolade mit Schlagsahne in die Tassen. Herr Nilsson weigerte sich auf dem Stuhl zu sitzen, und Annika sagte, wenn es solche Kuchen in China gäbe, dann wollte sie nach China ziehen, wenn sie groß wäre.

Als Herr Nilsson seine Tasse leer getrunken hatte, drehte er sie um und setzte sie sich auf den Kopf. Als Pippi das sah, tat sie das Gleiche. Da sie aber nicht alle Schokolade ausgetrunken hatte, lief ihr ein kleines Rinnsal über Stirn und Nase. Aber sie streckte ihre Zunge heraus und hielt das Rinnsal an.
»Es darf nichts umkommen«, sagte sie.
Thomas und Annika leckten erst ihre Tassen ordentlich aus, bevor sie sie auf den Kopf setzten.

Als alle satt und zufrieden waren, packte Pippi das Tischtuch an allen vier Enden und stopfte das ganze Bündel in die Holzkiste.

»Und jetzt wollen wir spielen«, sagte sie und schlug ein Spiel vor, das hieß »Nicht den Fußboden berühren«.
Nachdem sie eine Weile so gespielt hatten, beschlossen sie nun etwas anderes zu spielen.

»Wollen wir auf den Dachboden gehen und die Gespenster besuchen?«, fragte Pippi.
Annika erschrak. »G… g… gibt es Gespenster auf dem Boden?«
»Und ob es welche gibt! Massenhaft!«, sagte Pippi. »Es wimmelt da oben von allen möglichen Gespenstern und Geistern. Man fällt direkt über sie.«
»Mama hat gesagt, es gibt keine Gespenster und Geister«, sagte Thomas bestimmt.
»Das glaube ich«, sagte Pippi. »Nirgendwo sonst als hier. Denn alle, die es gibt, wohnen auf meinem Boden. Aber sie sind nicht gefährlich. Sie kneifen einen bloß in die Arme, dass man blaue Flecke kriegt. Und dann heulen sie. Und spielen Kegel mit ihren Köpfen.«
»Sp… sp… spielen Kegel mit ihren Köpfen?«, flüsterte Annika.
»Ja, genau das tun sie«, sagte Pippi. »Kommt, wir gehen nach oben. Ich kann prima kegeln.«

Pippi ging voran die Bodentreppe hinauf. Sie machte die Tür auf und sie standen in der Bodenkammer. Es war vollständig dunkel, abgesehen von einem kleinen Mondstrahl, der quer über den Fußboden fiel. Es stöhnte und pfiff in allen Ecken, wenn der Wind durch die Ritzen hereinblies.

»Servus, ihr Gespenster alle!«, rief Pippi.

Aber wenn ein Gespenst da war, so antwortete es jedenfalls nicht. Es knarrte und knackte bei jedem Schritt. Thomas und Annika wären am liebsten auf der Stelle umgekehrt und wieder nach unten gegangen.

»Übrigens«, sagte Pippi, »je mehr ich darüber nachdenke, desto mehr glaube ich, dass es keine Gespenster gibt. Wer behauptet, dass es Gespenster gibt, dem drehe ich die Nase um.«

»Ja, aber, du hast es doch selbst gesagt«, sagte Annika.
»Wirklich? Dann werde ich mir selbst die Nase umdrehen!«

Nun waren Thomas und Annika etwas beruhigter und wagten zum Fenster zu gehen und in den Garten hinunterzuschauen. Große dunkle Wolken zogen am Himmel entlang und taten ihr Bestes den Mond zu verdunkeln. Und die Bäume rauschten. Thomas und Annika drehten sich um. Aber da – o wie schrecklich! – sahen sie eine weiße Gestalt, die auf sie zukam.
»Ein Geist!«, schrie Thomas.
Annika hatte solche Angst, dass sie nicht einmal mehr schreien konnte. Die Gestalt kam immer näher, und Thomas und Annika drückten sich fest aneinander und machten die Augen zu.
Aber da hörten sie den Geist sagen:

»Guckt mal, was ich gefunden habe! Papas Nachthemd lag drüben in einer alten Seemannskiste. Wenn ich es ringsherum kürzer mache, kann ich es tragen.«
»O Pippi, ich wäre vor Schreck beinah gestorben«, sagte Annika.
»Ja, aber Nachthemden sind nicht gefährlich«, beteuerte Pippi.
»Sie beißen nur, wenn sie angegriffen werden.«

Pippi entschloss sich jetzt, die Seemannskiste ordentlich zu durchsuchen. Da lagen eine ganze Menge alte Kleidungsstücke, die Pippi auf den Fußboden warf. Außerdem waren da ein Fernrohr, einige alte Bücher, drei Pistolen, ein Degen und ein Beutel mit Goldstücken.
»Tideldibum und dielidei«, sagte Pippi zufrieden.
»Ist das aufregend!«, sagte Thomas.
Pippi sammelte alles zusammen, dann gingen sie wieder in die Küche hinunter.
»Wenn wir wollen, können wir jetzt Seeräuber werden«, sagte Pippi. »Mit dem Fernrohr kann ich fast die Flöhe in Südamerika sehen.«

Da klopfte es an die Tür. Es war Thomas' und Annikas Vater, der seine Kinder abholen wollte.
Pippi verabschiedete ihre Gäste und sah ihnen nach, wie sie den Gartenweg entlanggingen. Sie drehten sich um und winkten Pippi zu, die in der Tür stand und winkte.